VUES PITTORESQUES
DE
L'ITALIE,
DESSINÉES D'APRÈS NATURE,
Par M. COIGNET,

Et Lithographiées

Par Mlle VILLENEUVE, MM. ALLAUX, BICHEBOIS, DEROY, ENFANTIN,
GUÉ, GUDIN, JOLY, SABATIER, VILLENEUVE, etc., etc.

6.me Livraison.

A PARIS,

CHEZ
SAZERAC et DUVAL, Éditeurs, passage de l'Opéra, escalier A;
DONDEY-DUPRÉ PÈRE ET FILS, Imp-Lib., rue St-Louis, N° 46, au Marais, et rue Richelieu, N° 67;
Mme BROSSIER, Libraire, quai Voltaire, N° 7.

M DCCC XXV.

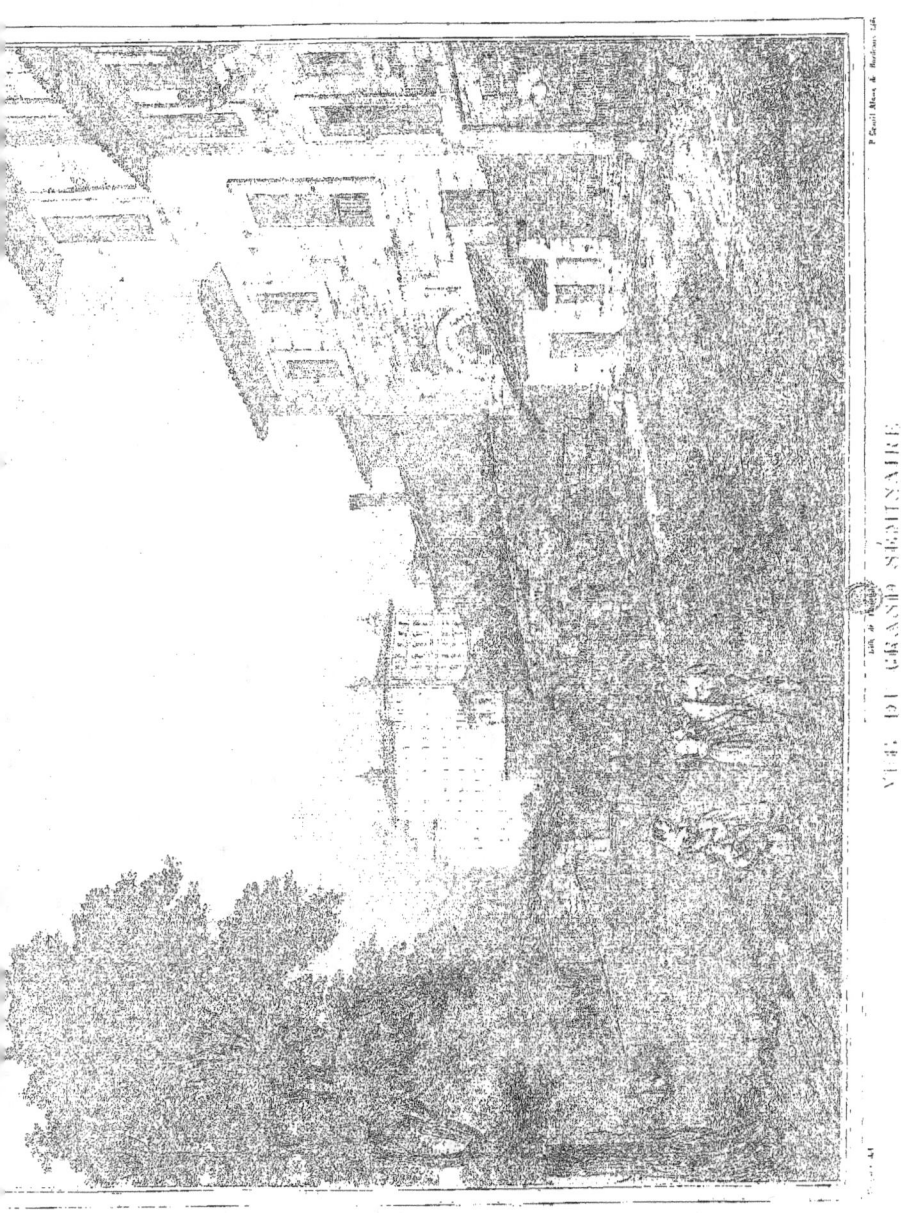

VUE DU GRAND SÉMINAIRE
à Avignon

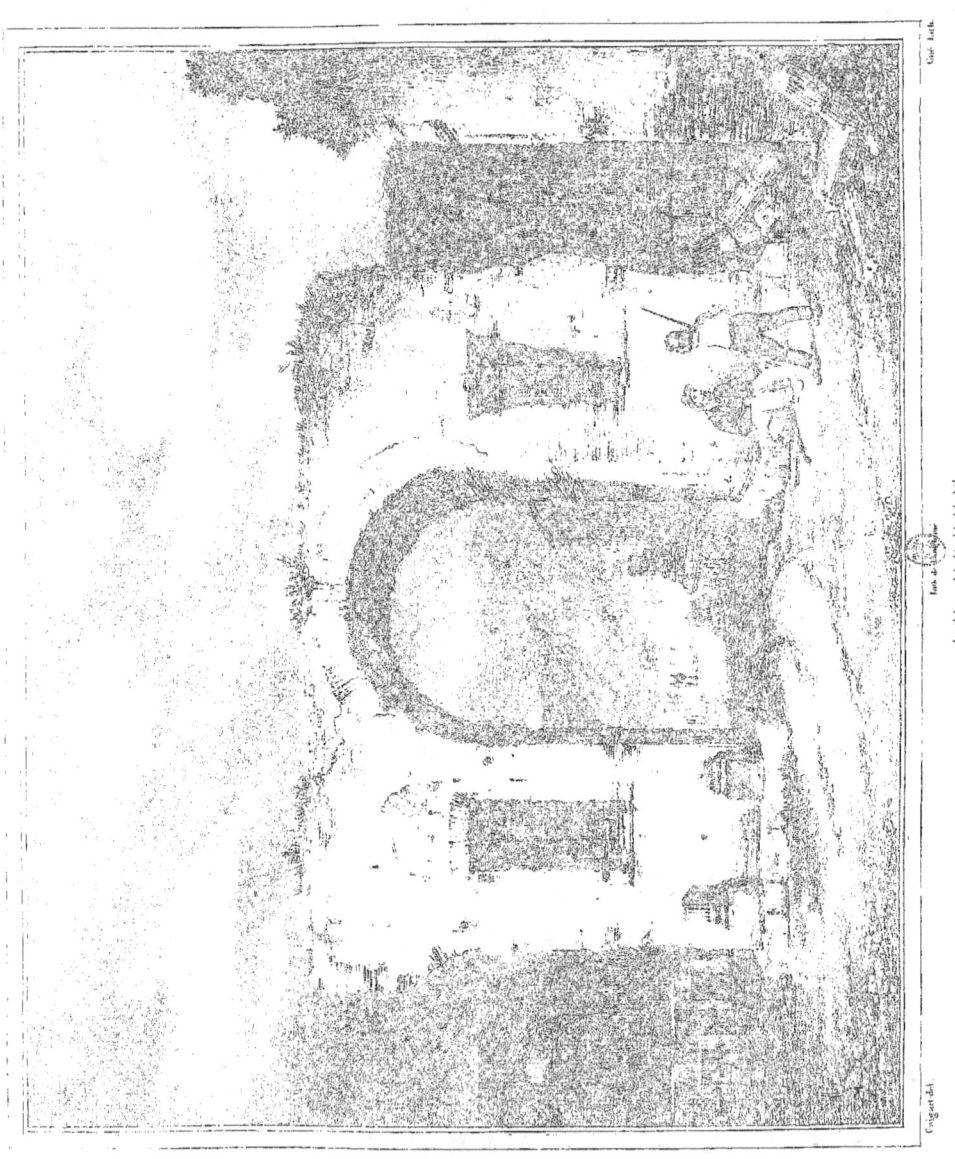

LE FORUM.

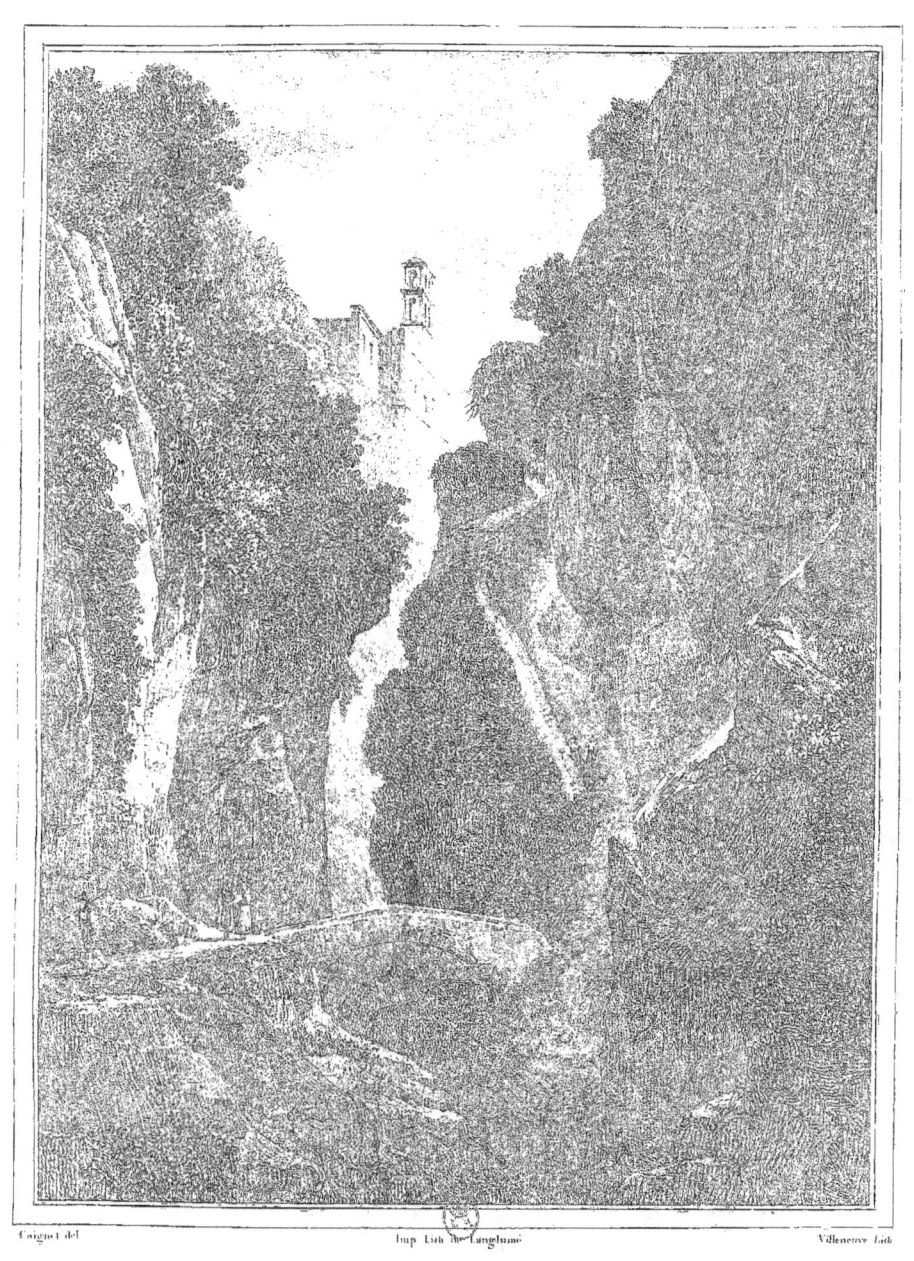

VUE DES RAVINS DE SORENTE.

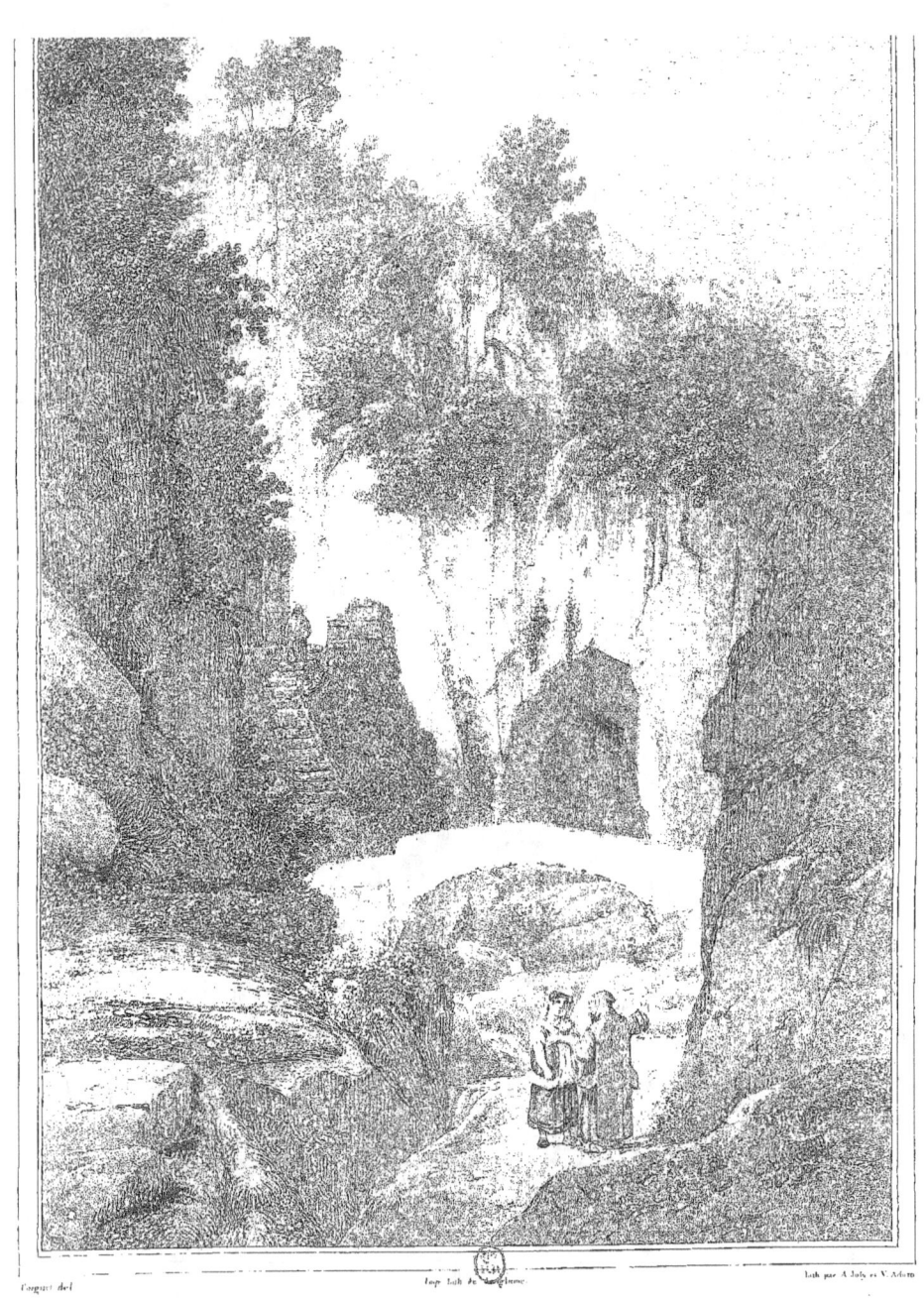

VUE D'UN HERMITAGE
dans les ravins de Sorate.

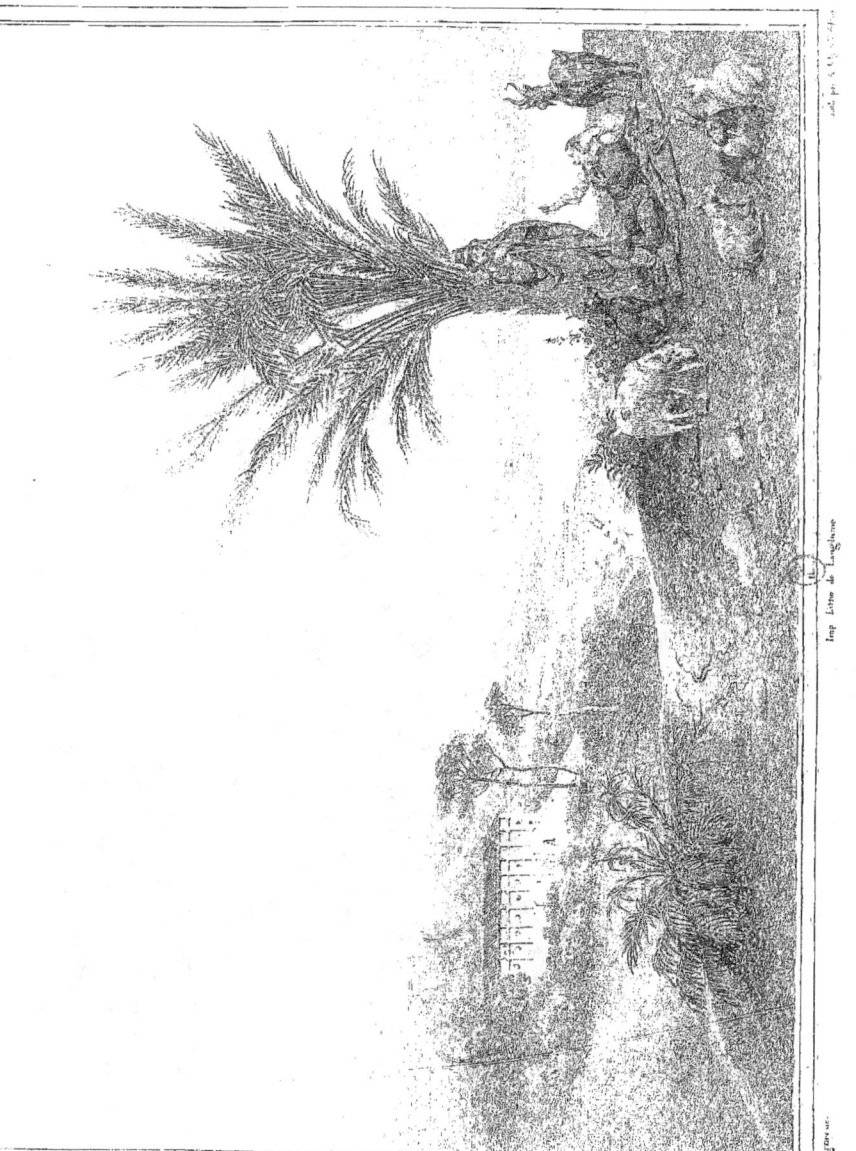

VUE DU VÉSUVE,
prise de Cap di Monte.

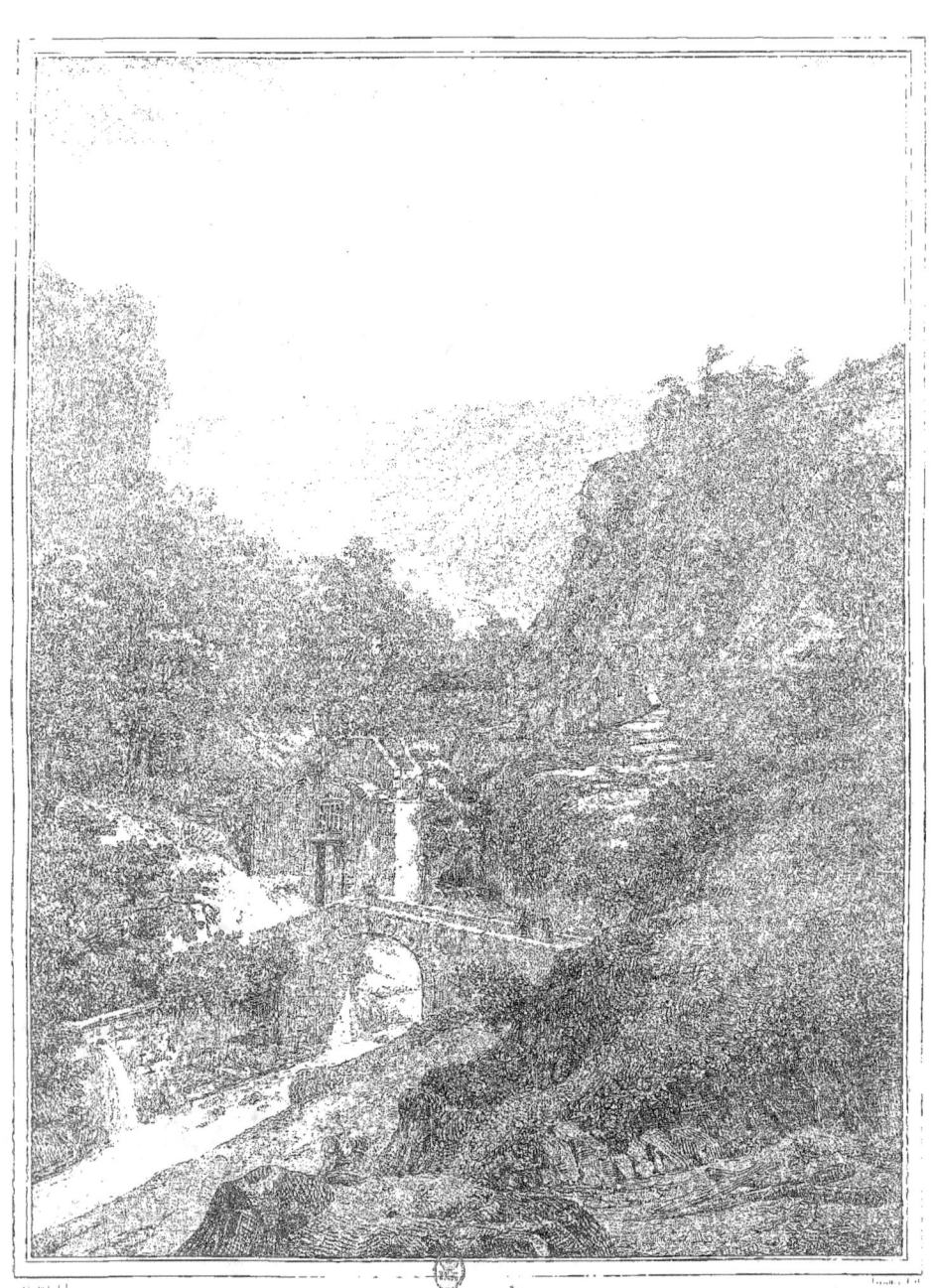

GORGE DE GRAGNANO.

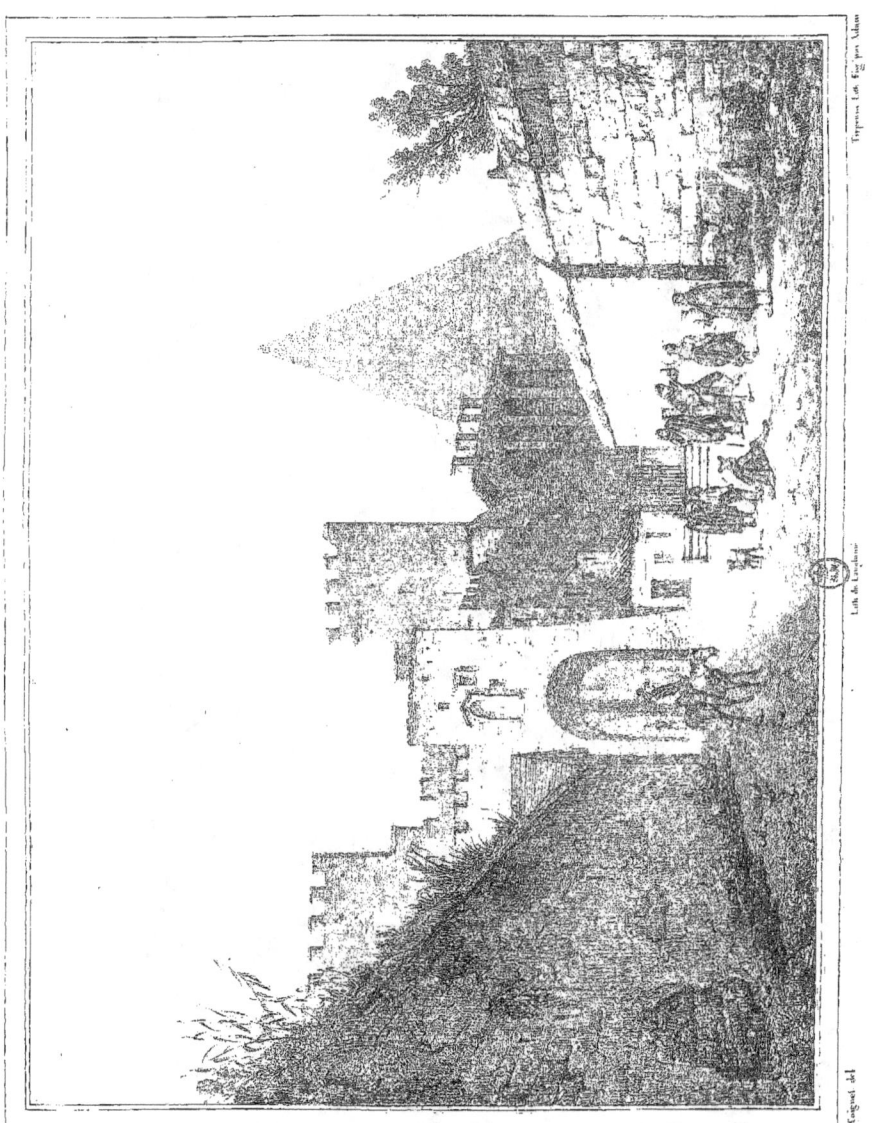

PORTE St PAUL, À ROME.

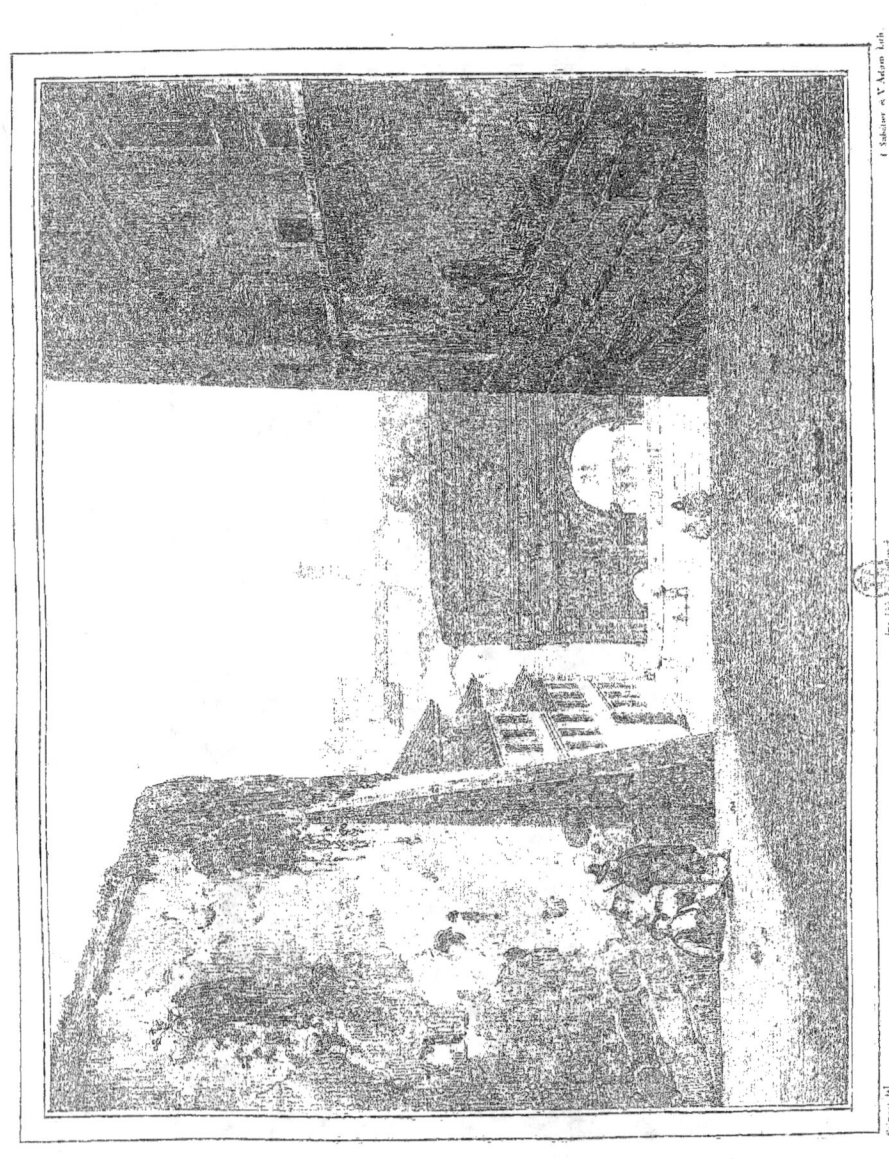

ESCALIER DU CAPITOLE

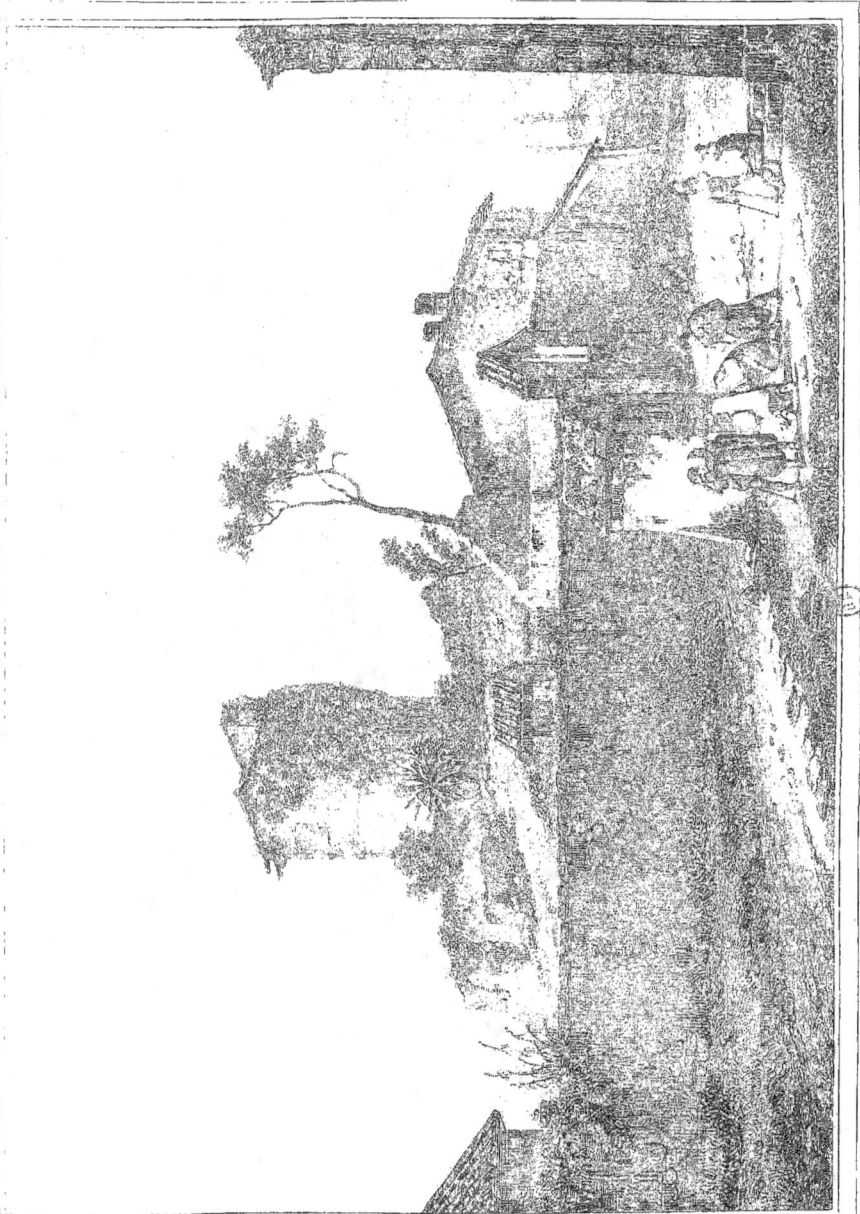

VUE D'UN TOMBEAU
sur les côtes d'Afrique

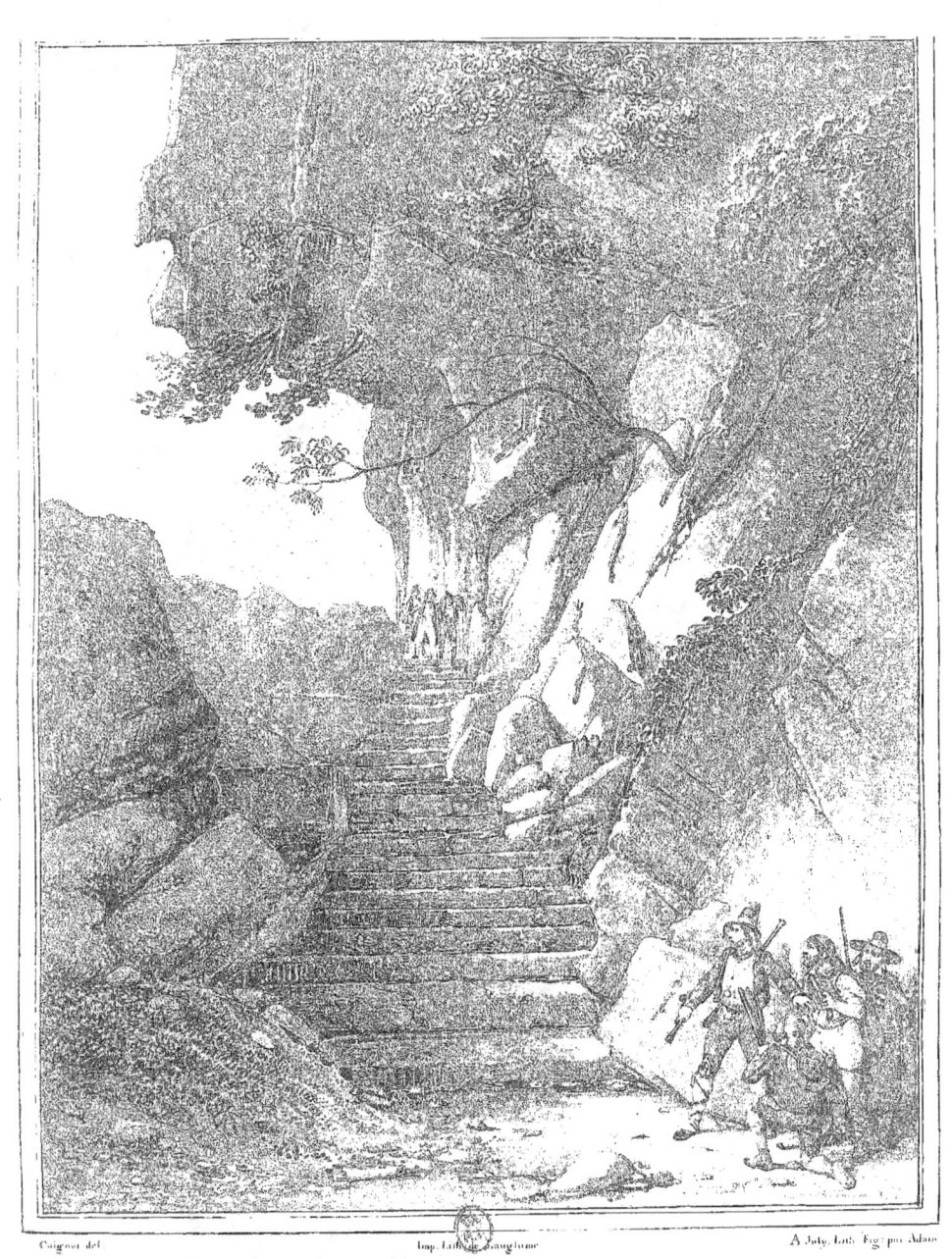

VUE PRISE A SAN COSIMATO.

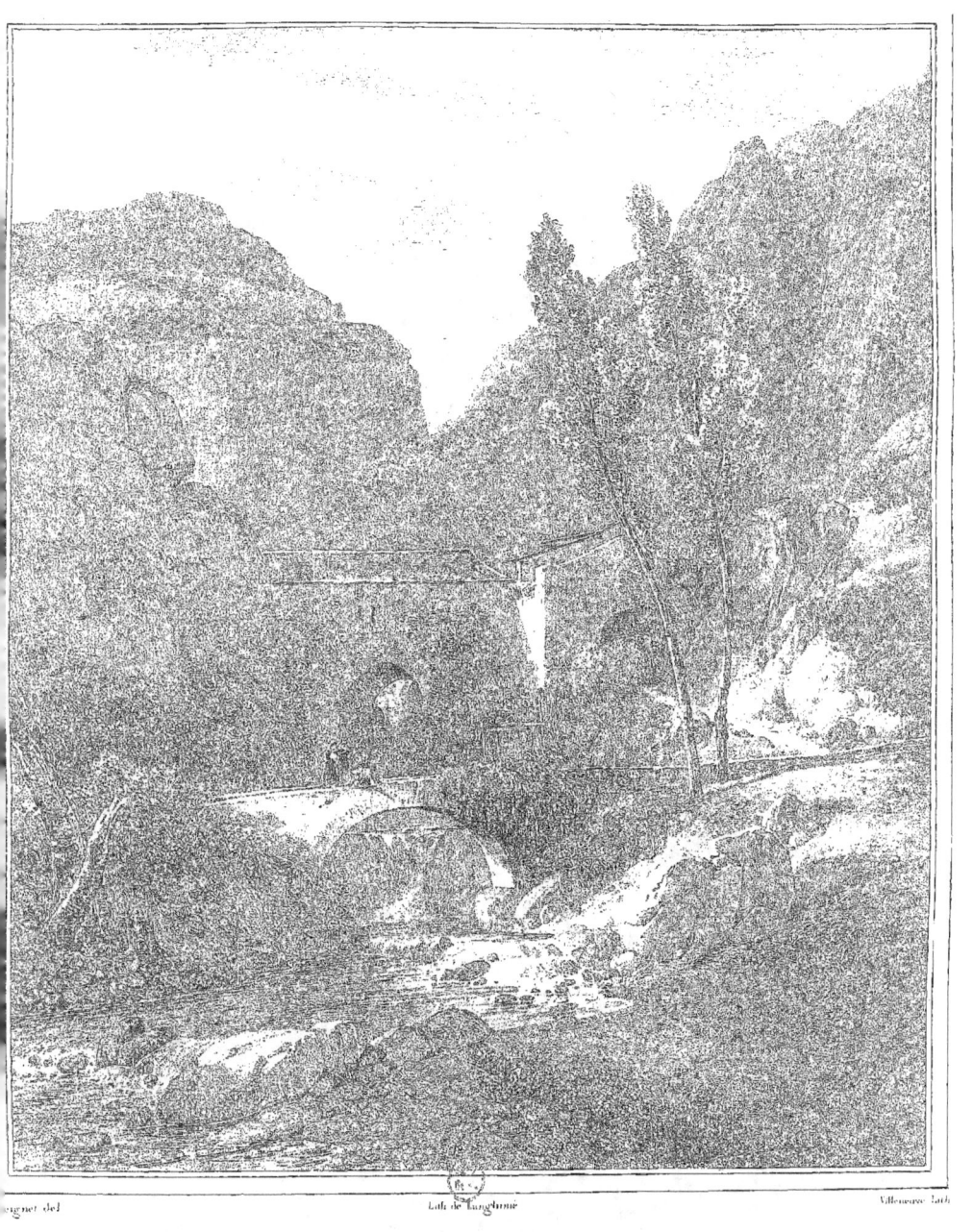

VUE D'UNE FORGE PRÈS D'AMALFI.

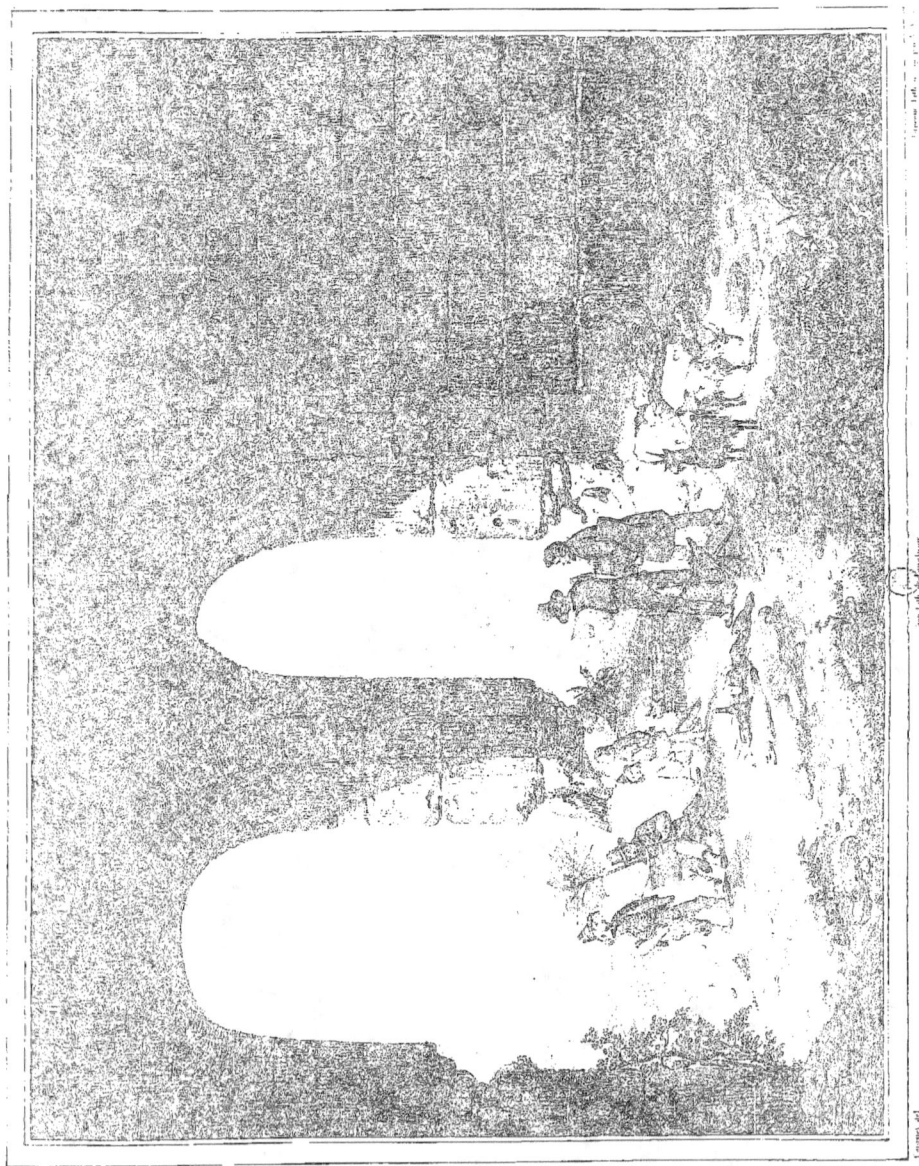

DANS LES RUINES D'ALBA
près la route de Frascati (Roy.me de Naples.)

VUE PRISE A SALERNE.
Roy. de Naples

Cagnot del.   Lister de Langlumé   A. Bourdon and Lith

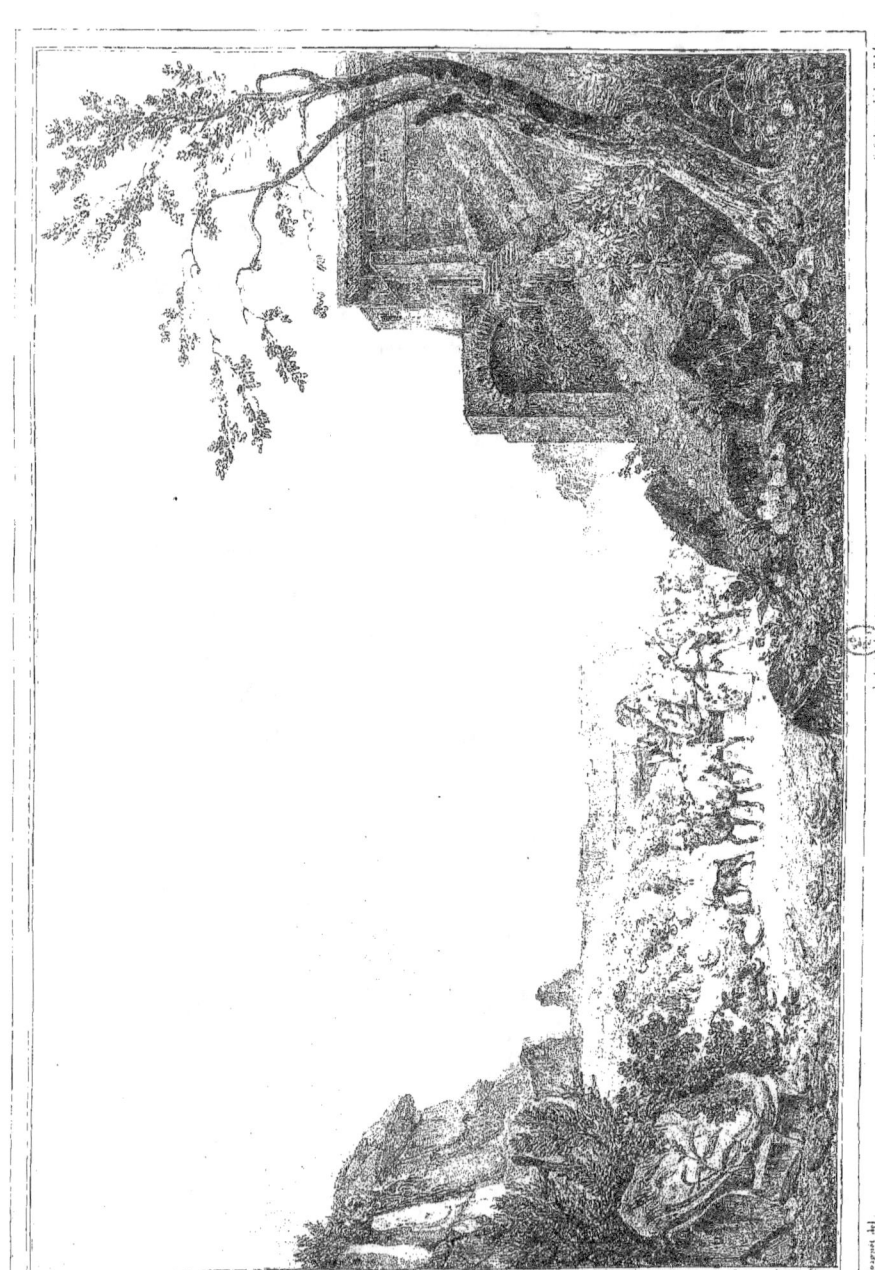

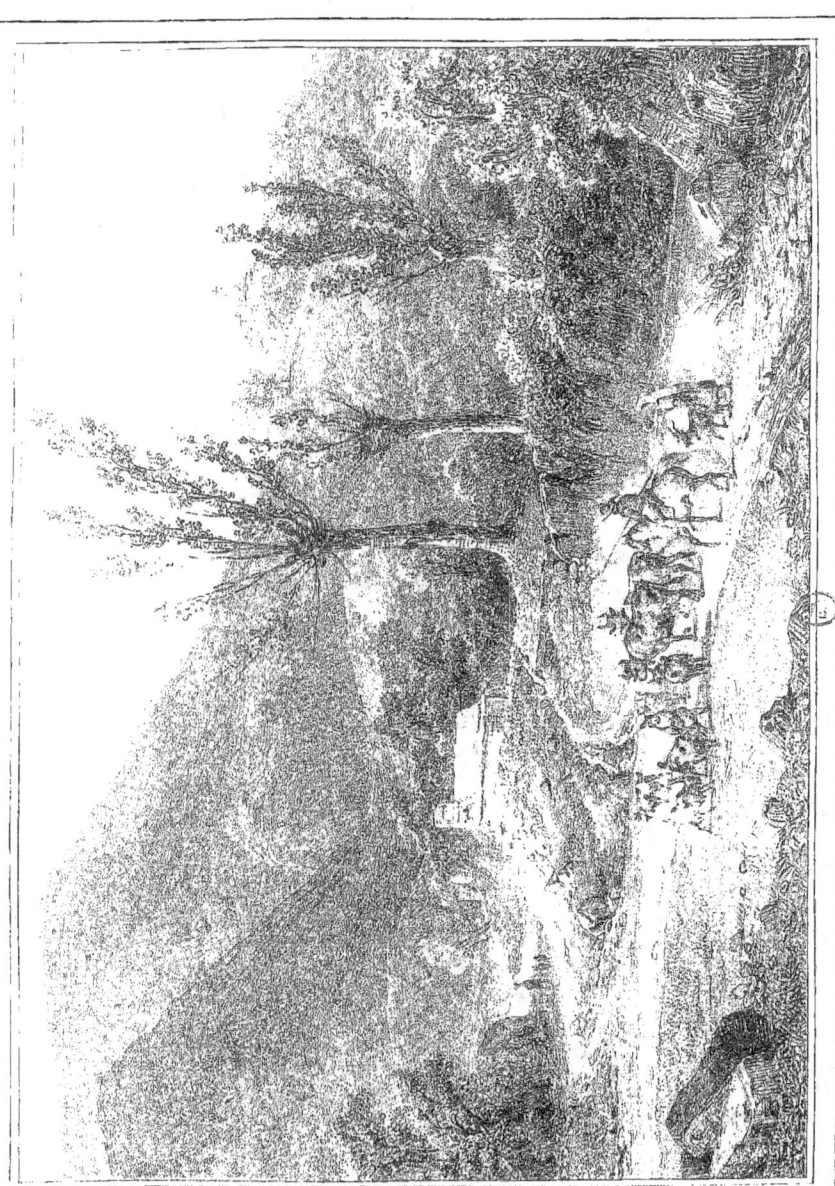

CHOULTRY près Tricoti.

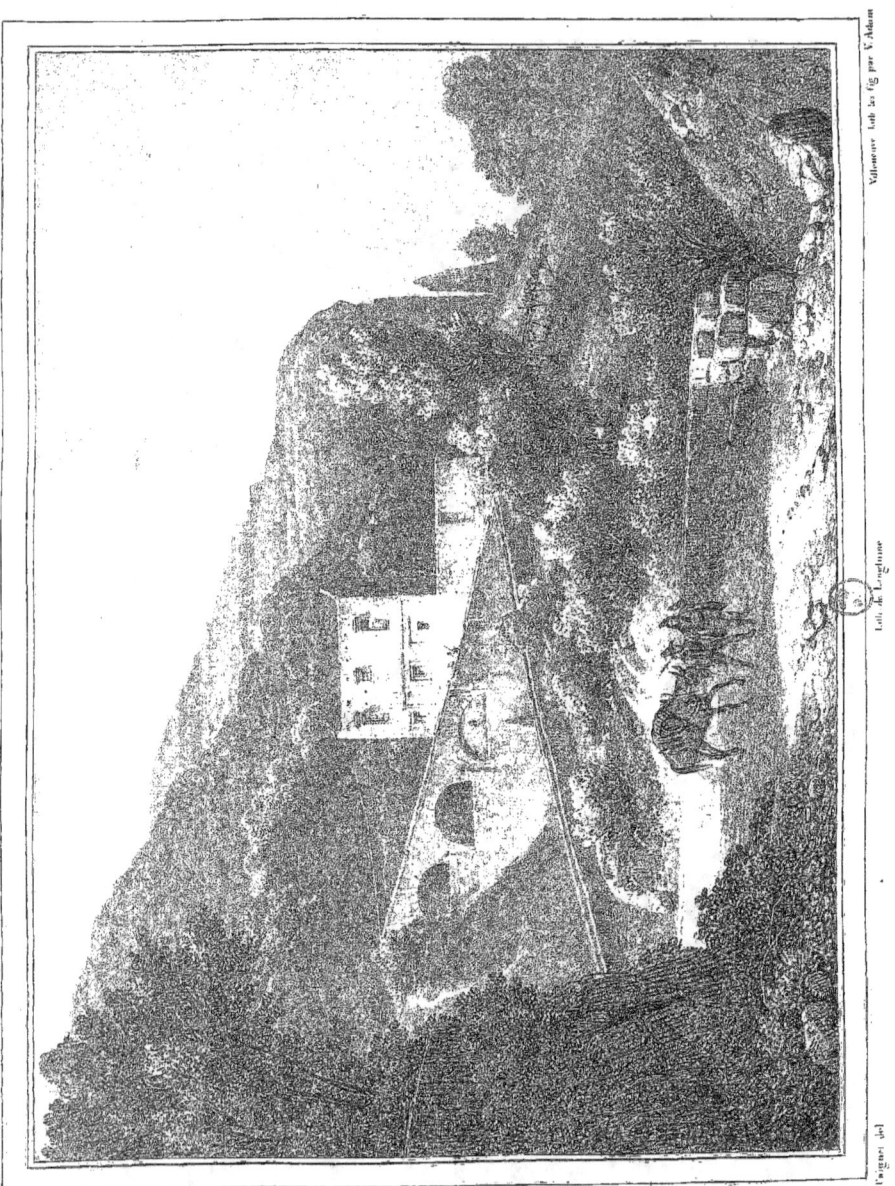

TOMBEAU DE L'ENJUELAMARI A VICO.

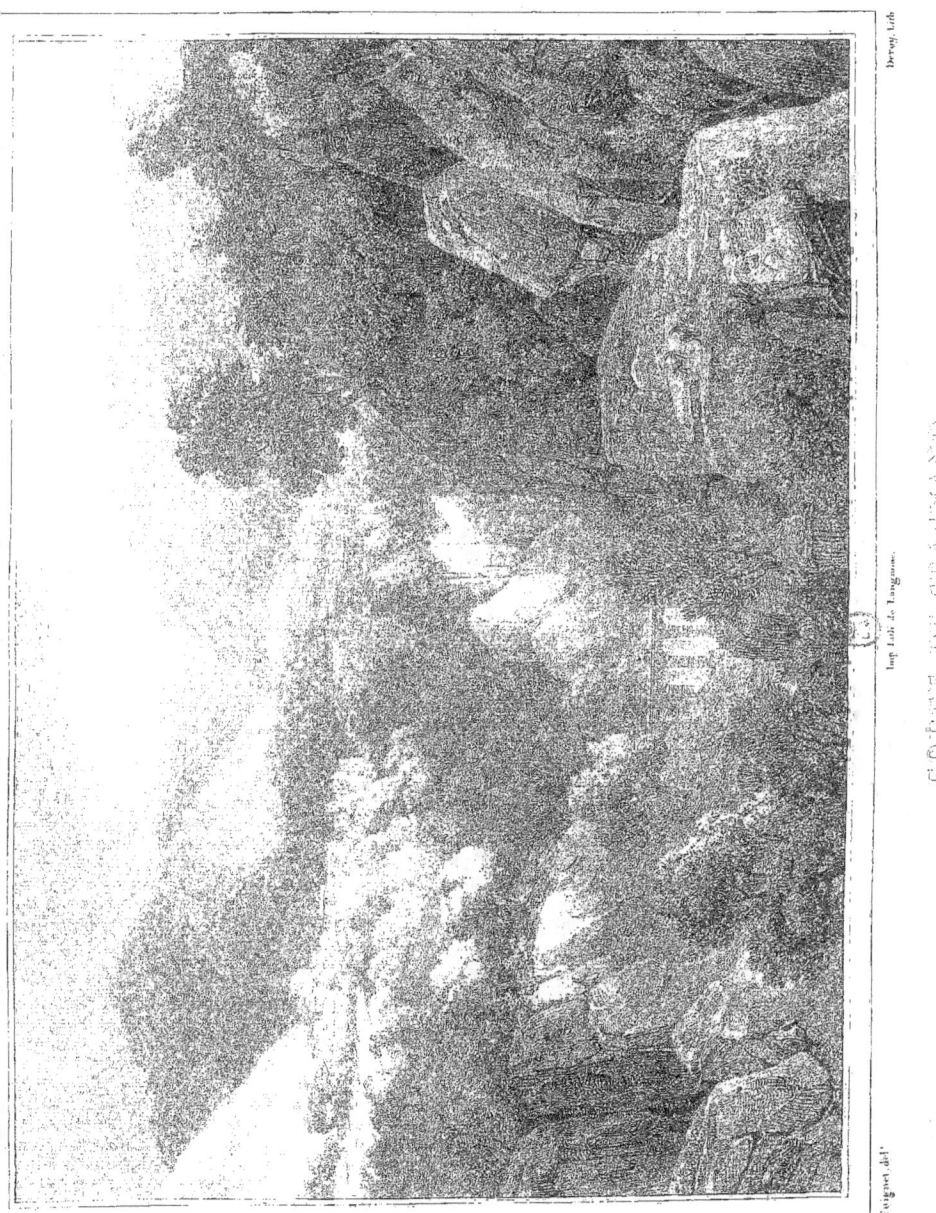

GORGE DE CRAVAGNANO
Roy.^{me} de Naples

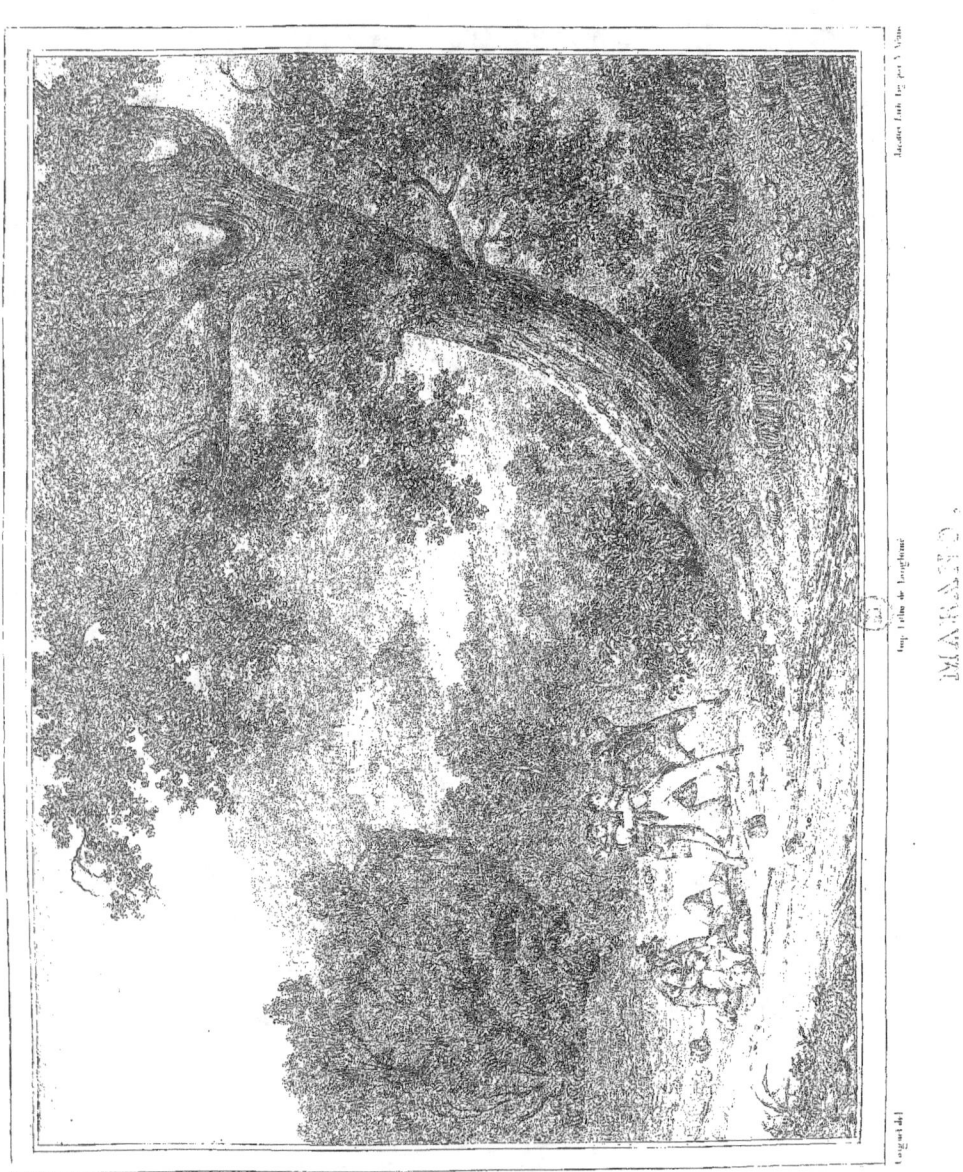

MARASTE,
sur la route d'Adour.

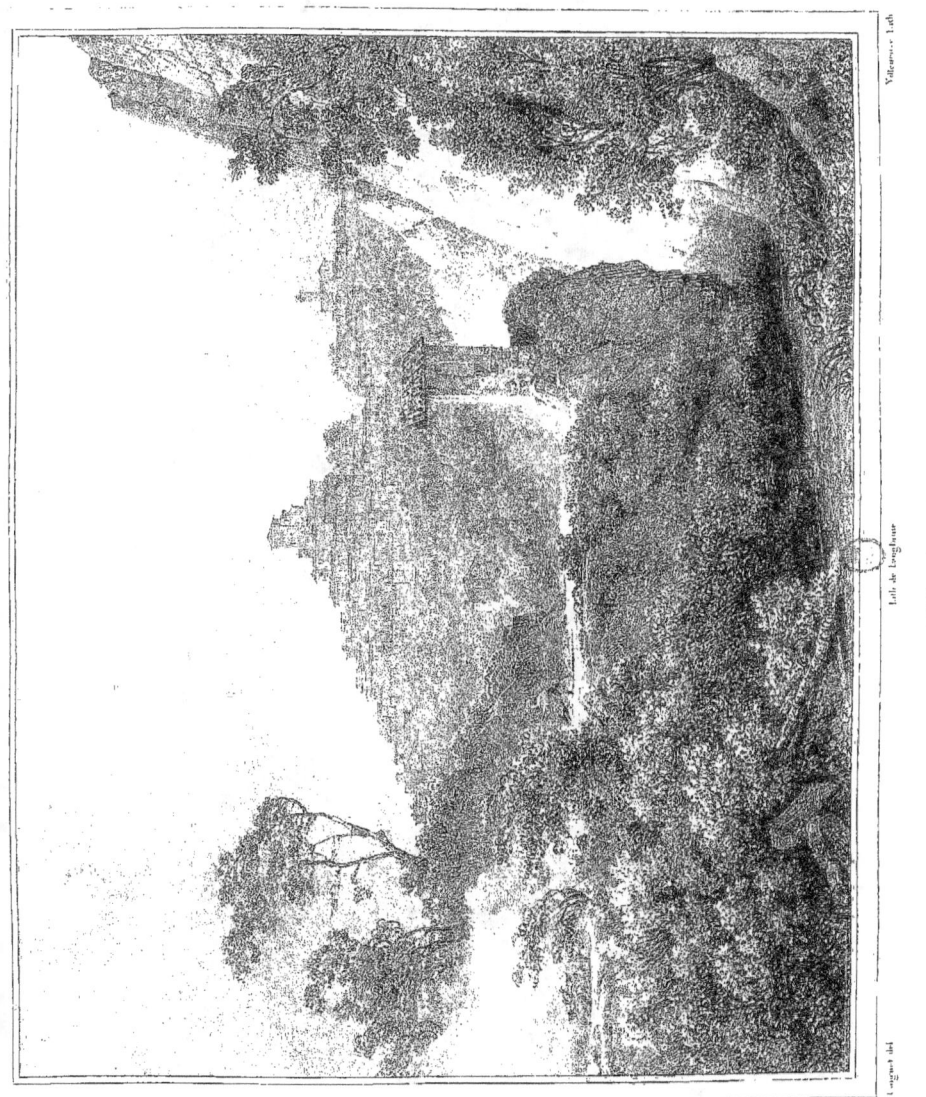

SUBIACO.

Coignet del.   Imp. Lith. de Langlumé.   Jacottet Lith. fig. par Adam

VUE PRISE A GAGES.

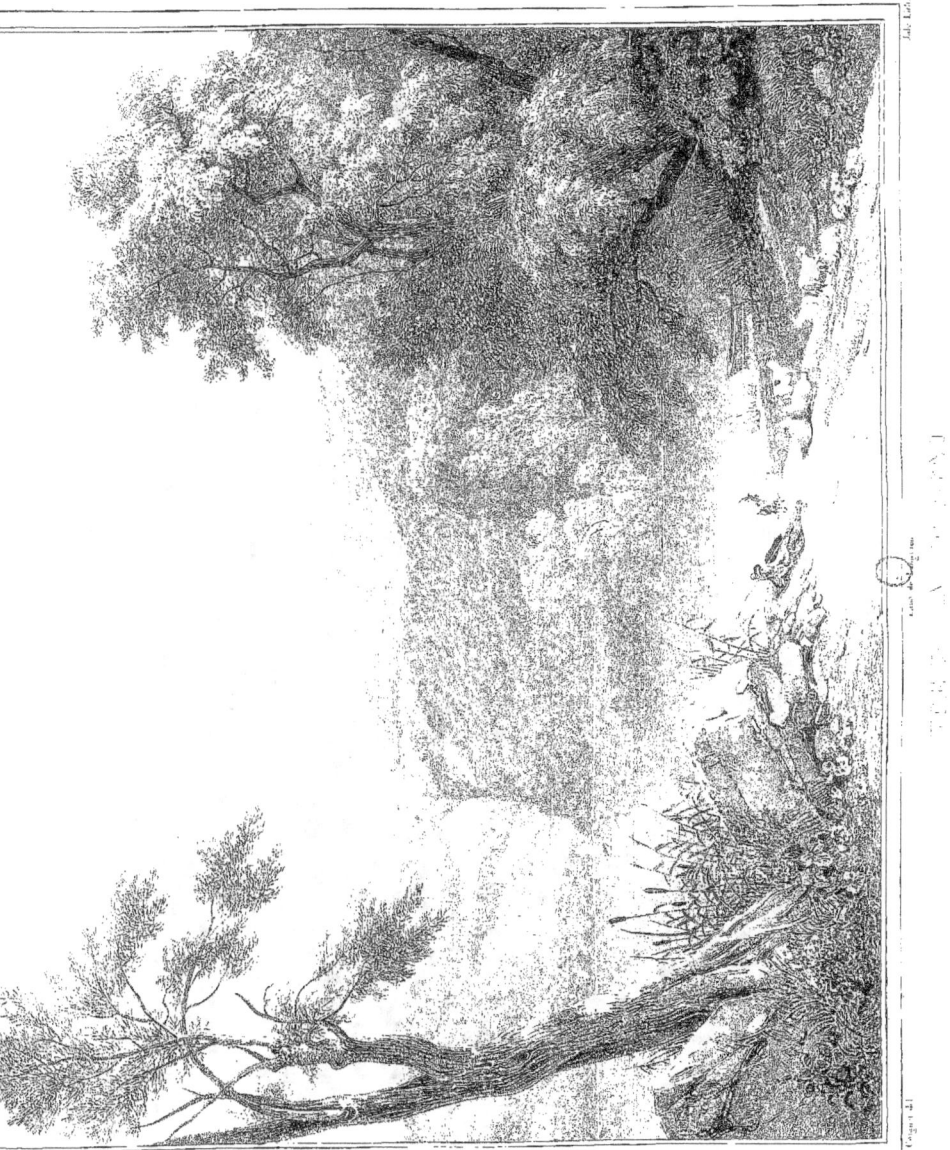

SAN COSME

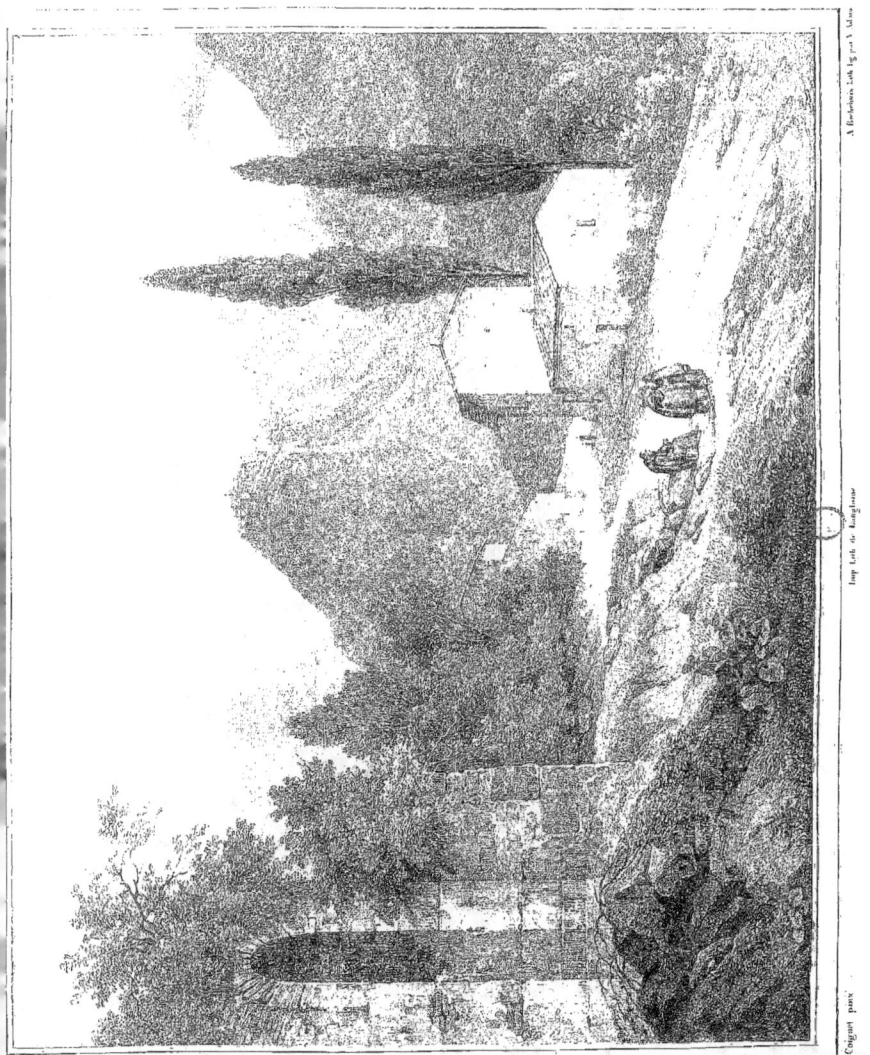

Coignet pinx.   Imp. Lith. de Langlumé.   A. Bordeaux. Lith. Lg. rue N. dame.

LE PRESSOIR ANTIQUE DE MIRABEL.

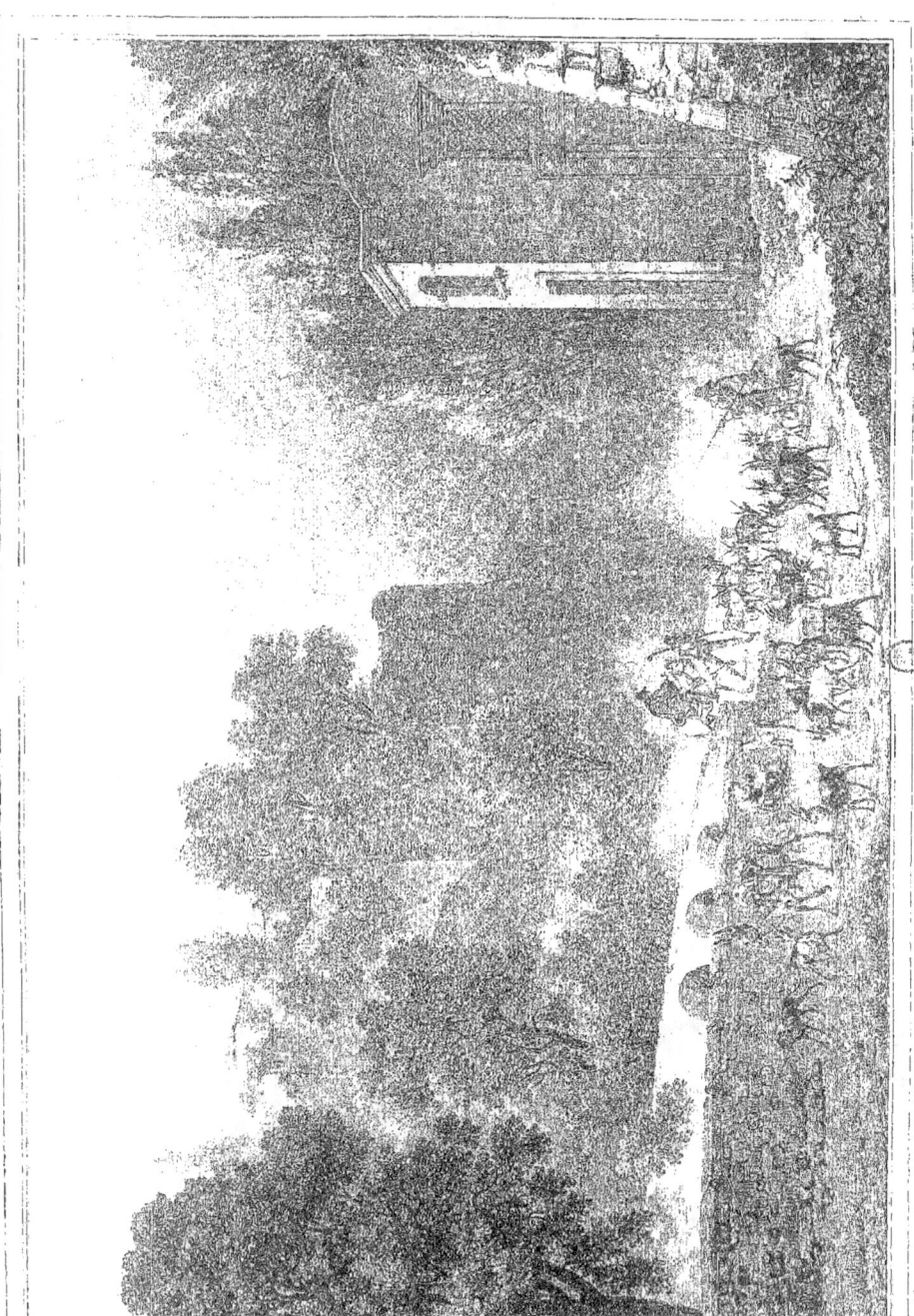

CAPO DI CAVA.
Roy. de Naples.

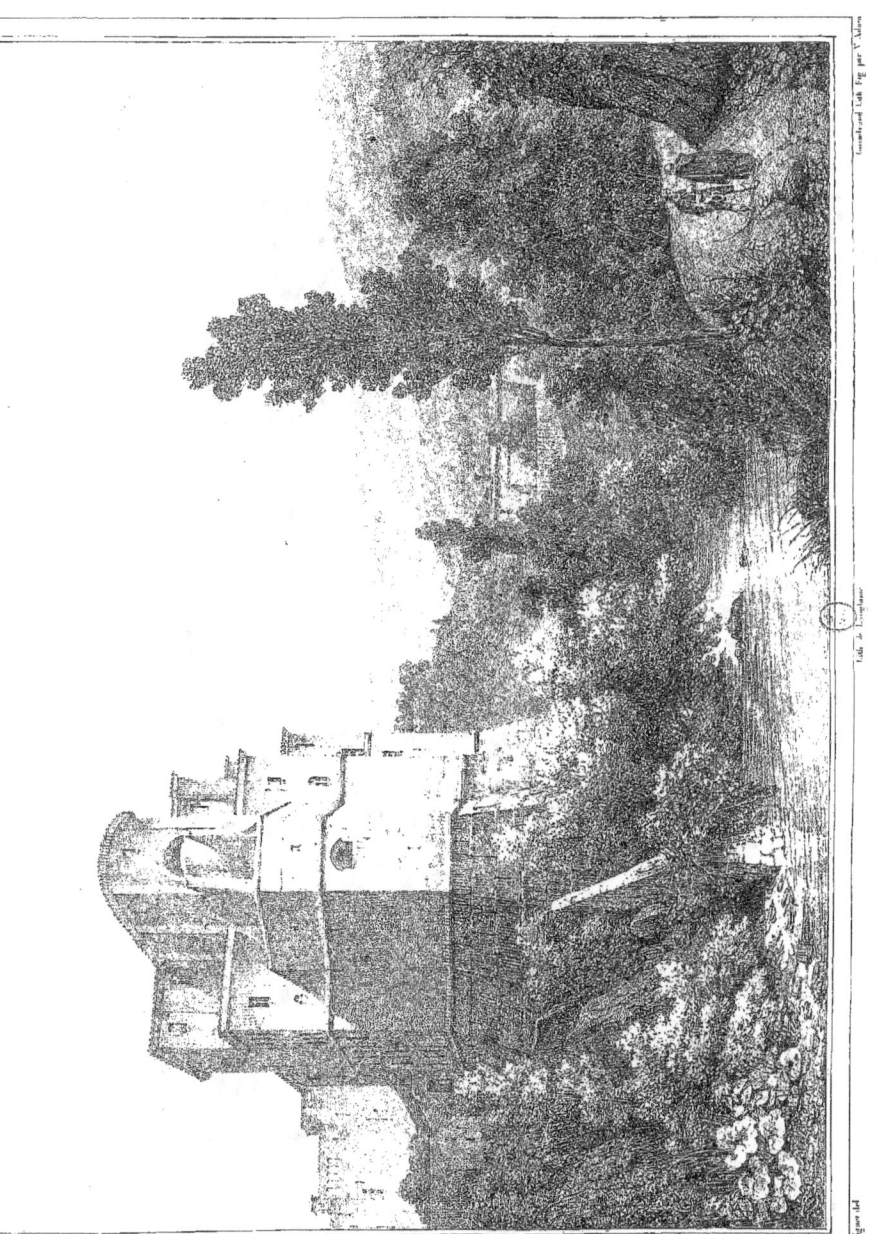

LE CHATEAU D'ANNAPPES
à Nivelles

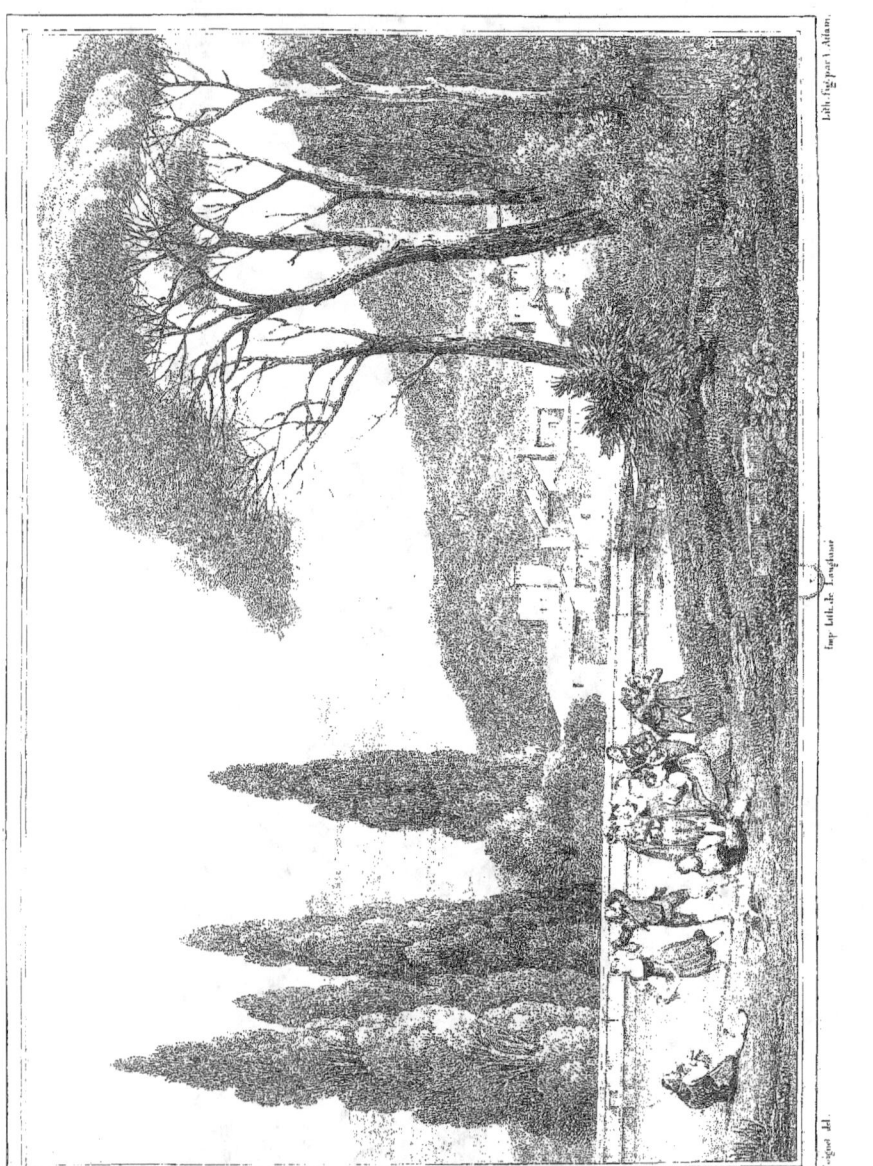

TIVOLI.
Villa d'Est.

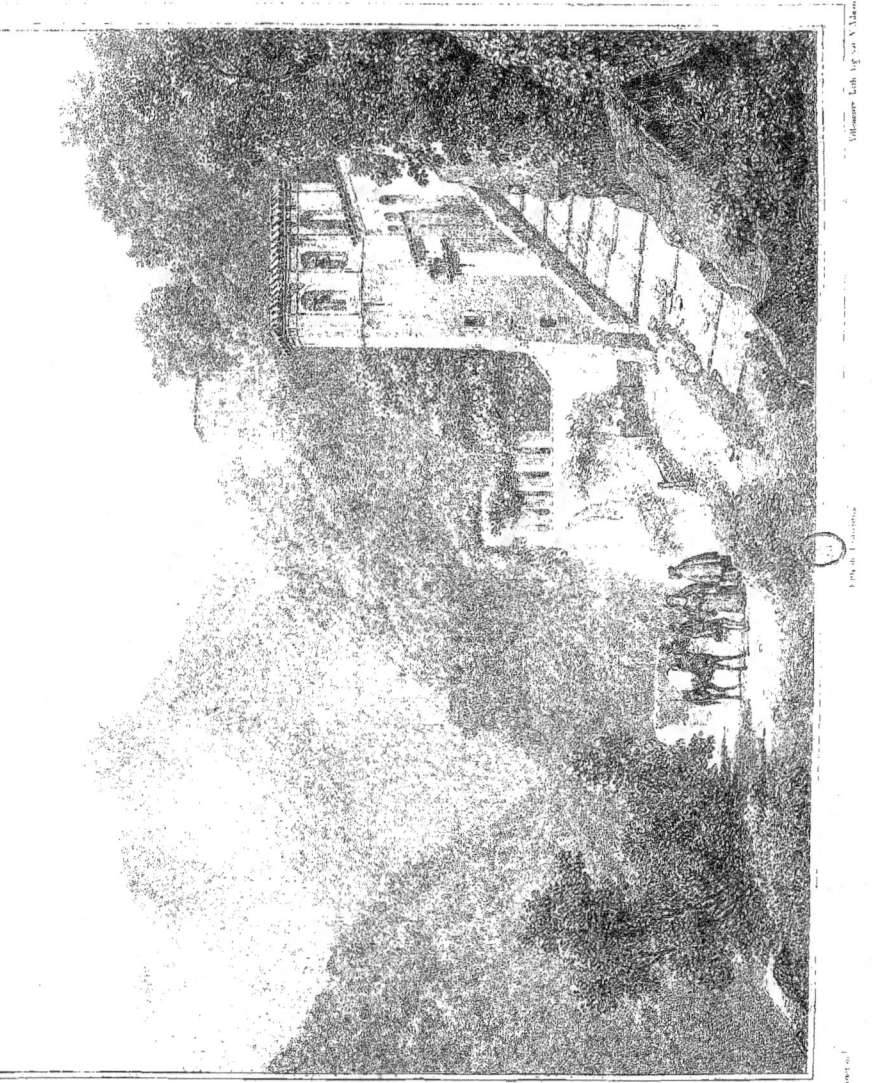

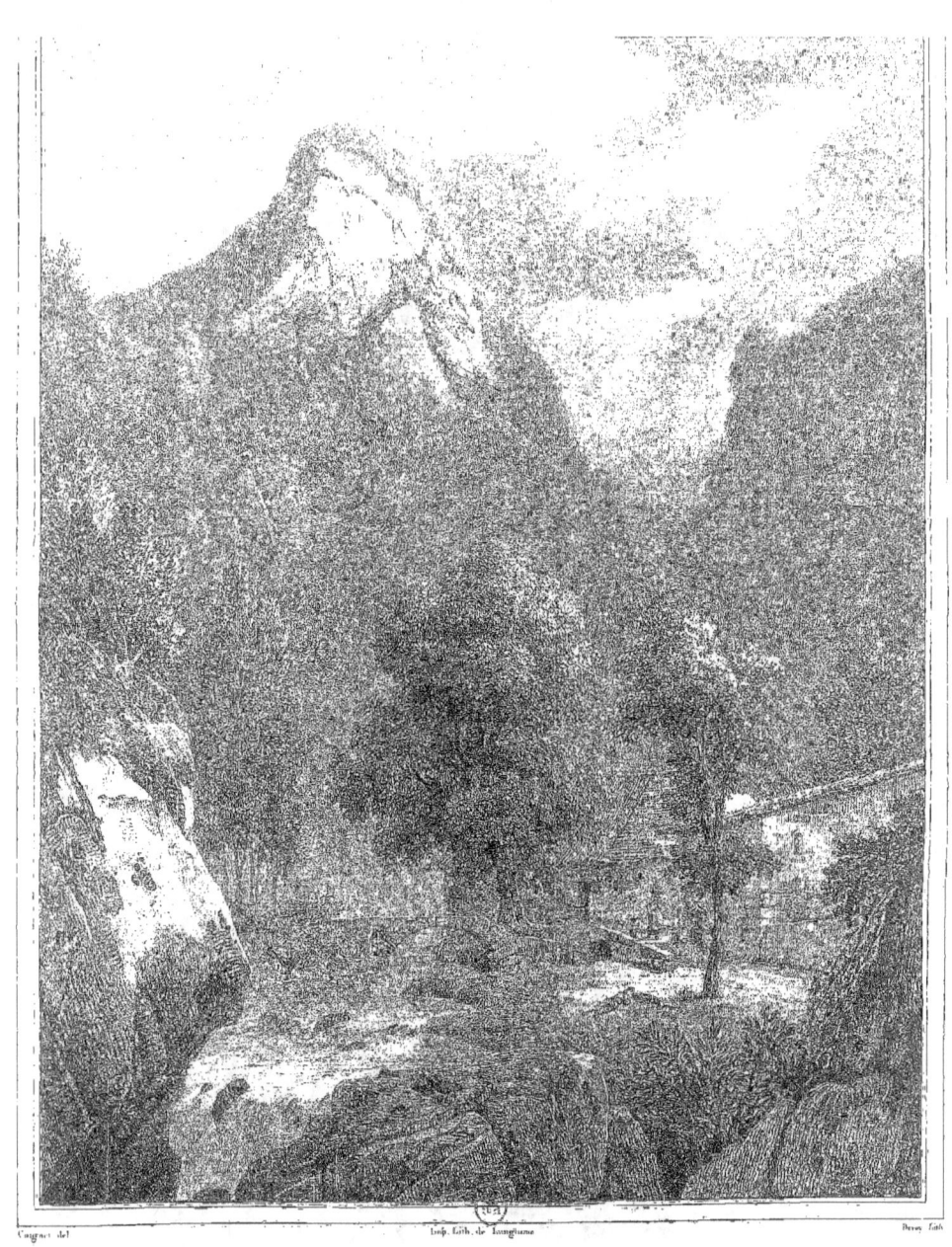

DANS LA GORGE D'AMALFI.
Roy.^{me} de Naples

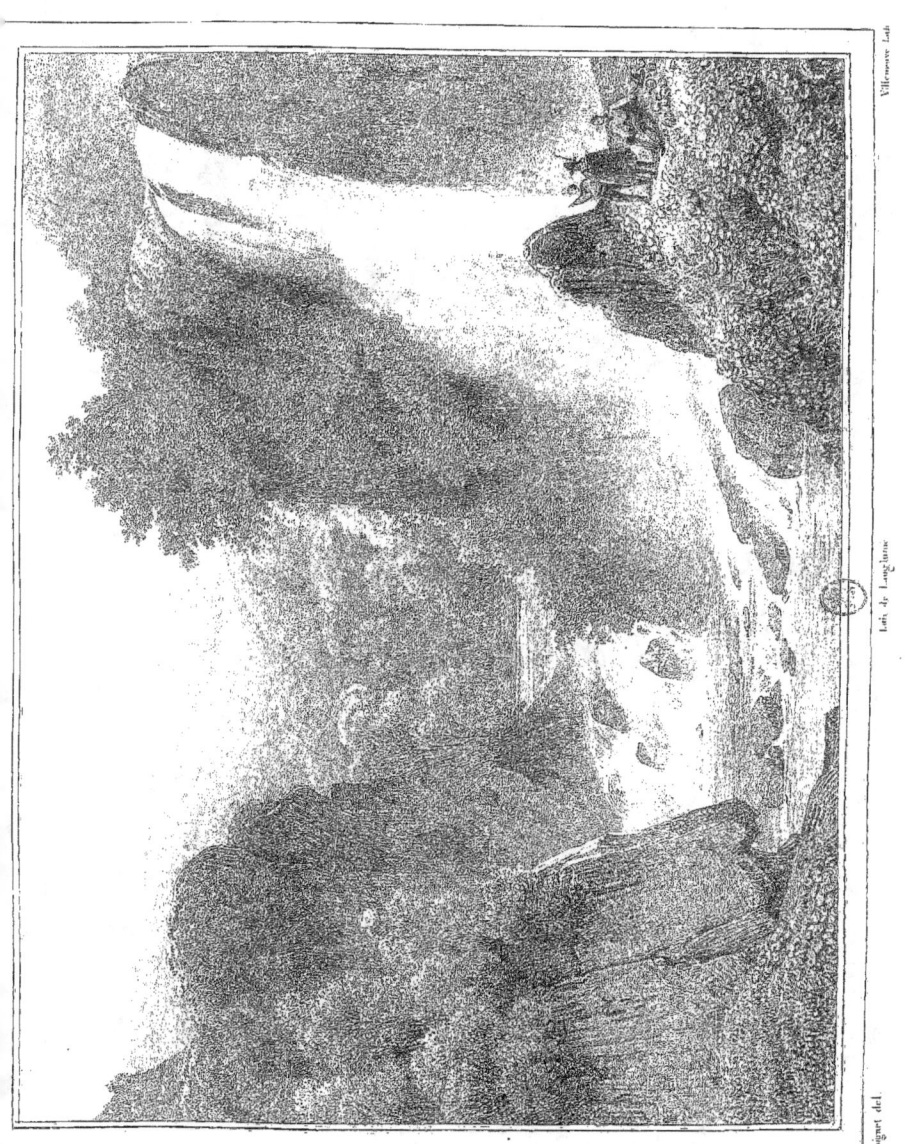

LES CASCATELLES DE TIVOLI.

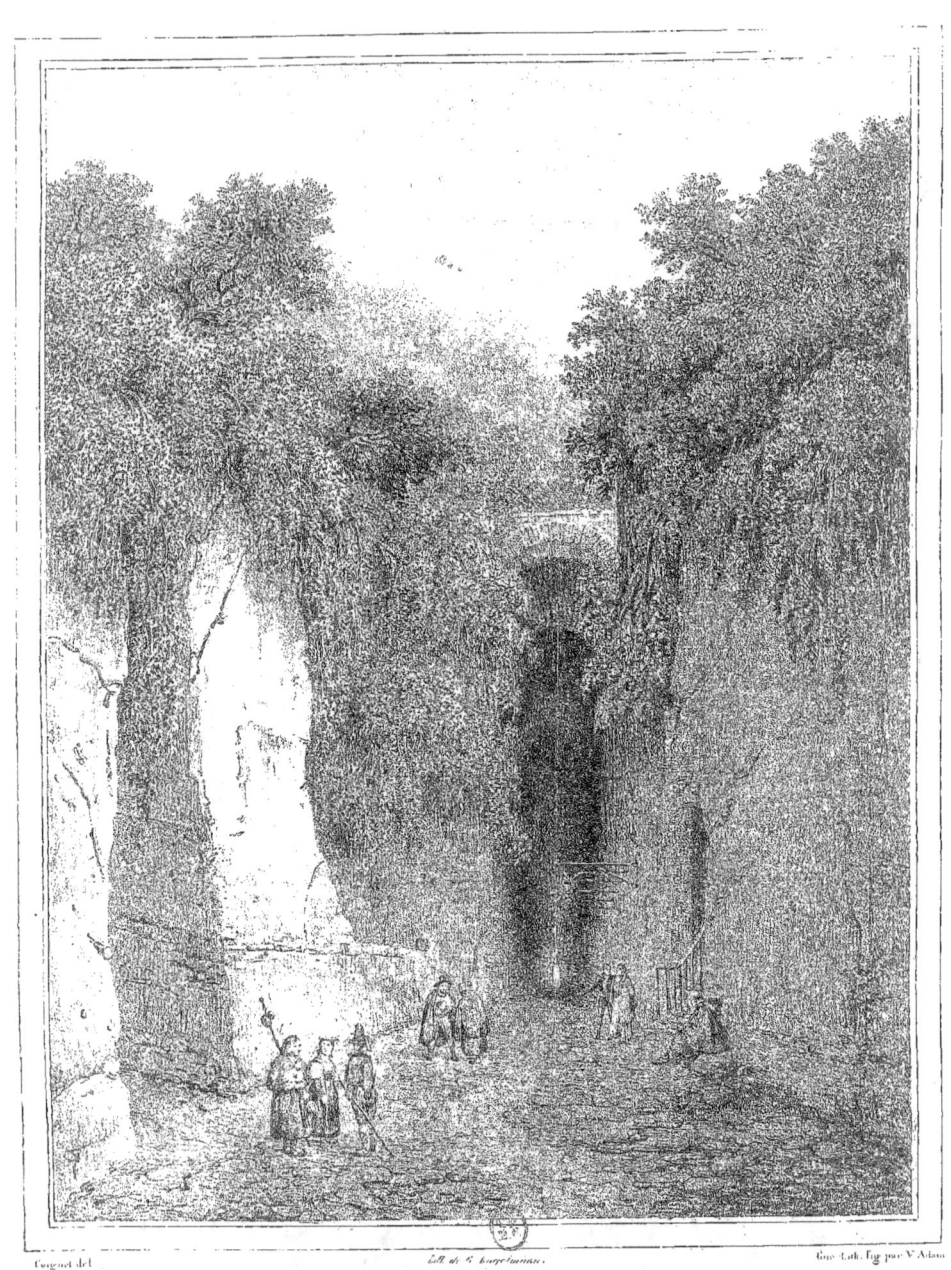

GROTTE DE PAUSILIPE.

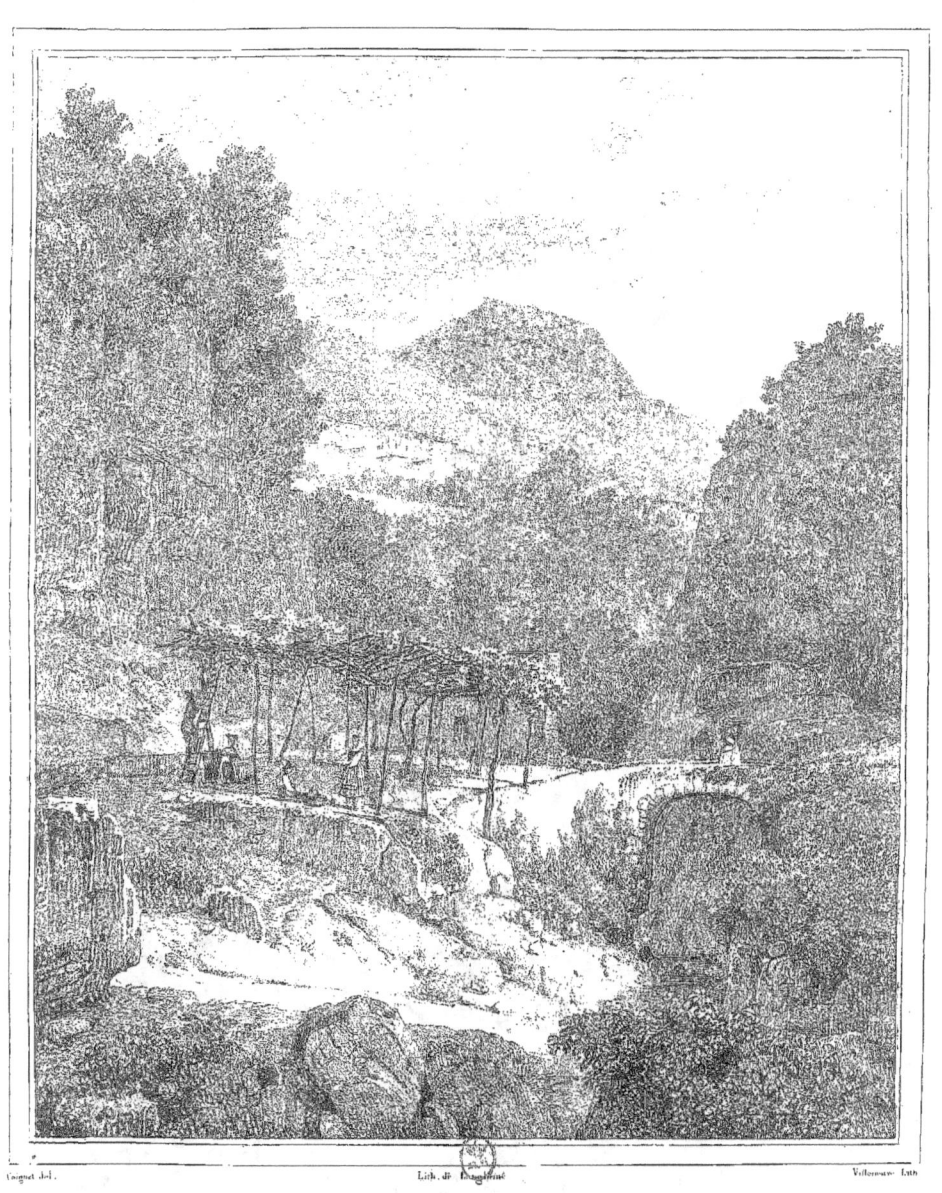

RAVIN DE GRAGNANO,
Roy.⁺ de Naples

VUE PRÈS DE SUBIACO.

(Sabine)

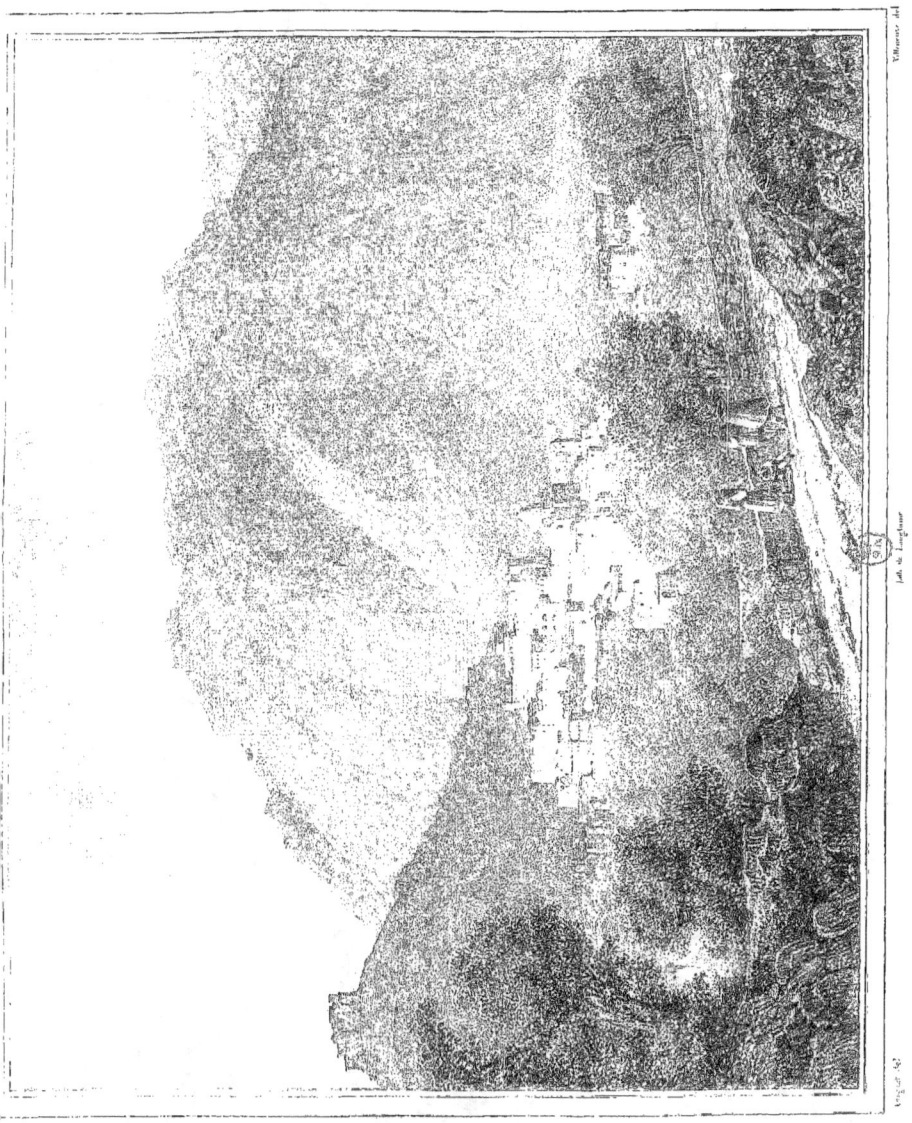

VUE DE LA VILLE DE GAVES.

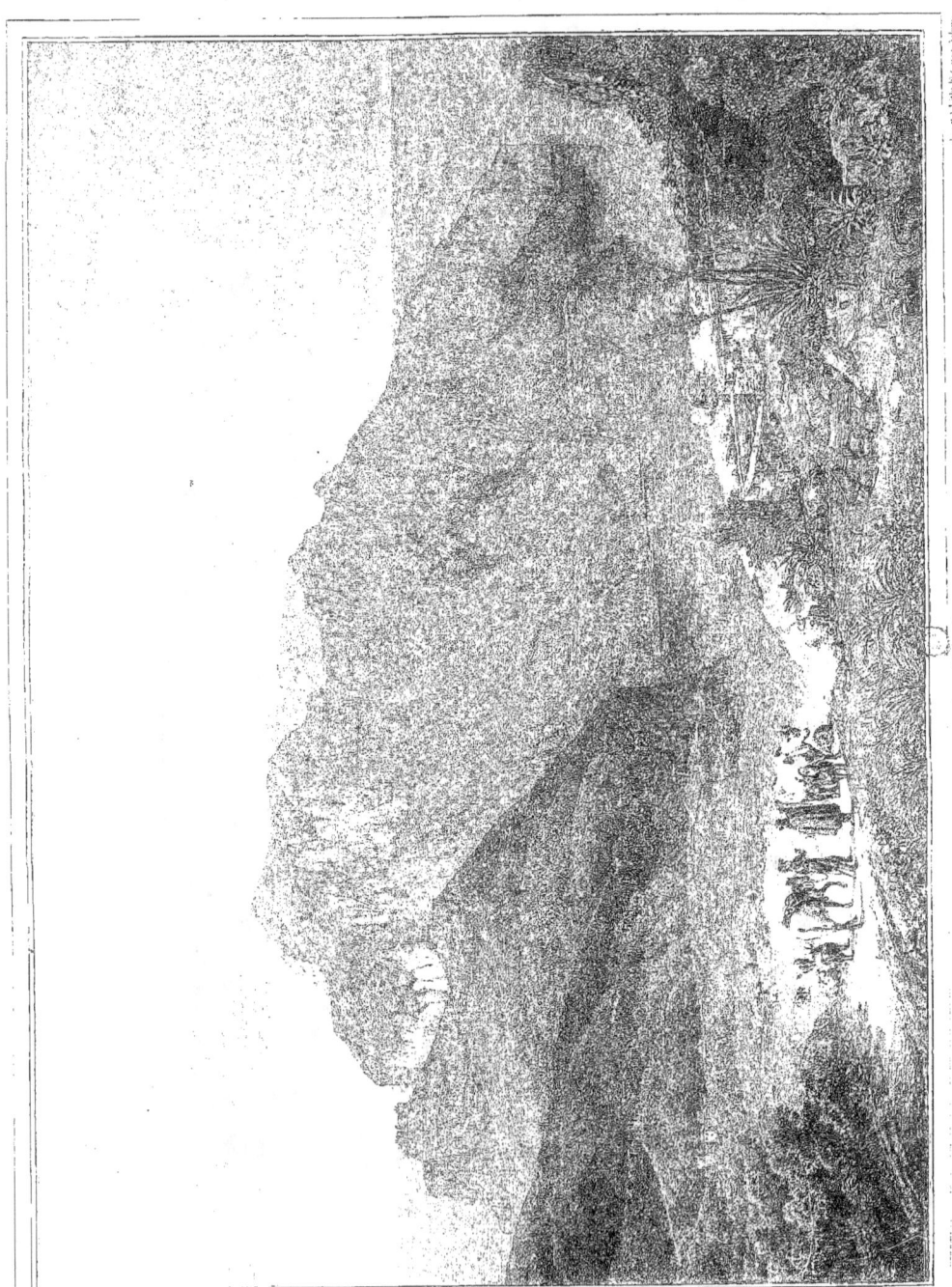

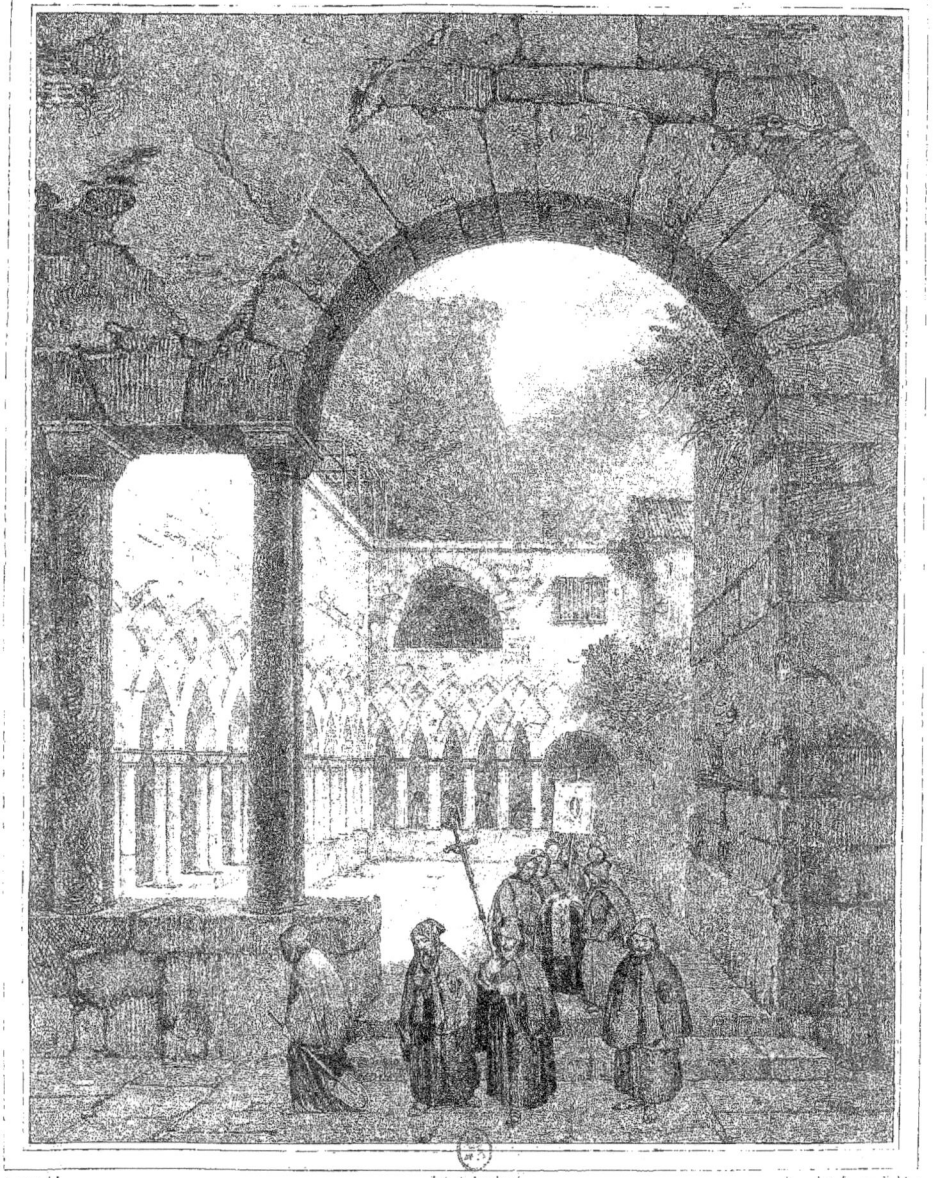

CLOÎTRE À AMALFI.
(Roy.^{me} de Naples.)

www.ingramcontent.com/pod-product-compliance
Lightning Source LLC
Chambersburg PA
CBHW050033230526
45470CB00003B/1263